I0136248

JULES JOUY

LA MUSE À BÉBÉ

CHANSONS
POUR
LES ENFANTS

DÉDIÉES
AUX
GRANDES PERSONNES

GERLIER

PARIS

LIBRAIRIE MARPON & FLAMMARION

E. FLAMMARION, SUCC.

26, RUE RACINE, PRÈS L'ODÉON

LA MUSE A BÉBÉ

4229

8° Ye
3071

Il a été tiré de cet ouvrage,

Dix exemplaires sur papier de Hollande,

tous numérotés,

au prix de. . . . . . **4** *francs.*

DU MÊME AUTEUR

CHANSONS DE BATAILLE

1 vol. in-18. . . 3 fr. 5o

PARIS. — IMP. C. MARPON ET E. FLAMMARION, RUE RACINE. 26.

JULES JOUY

LA MUSE

A BÉBÉ

CHANSONS POUR LES ENFANTS

DÉDIÉES AUX GRANDES PERSONNES

Illustrations de Gerlier

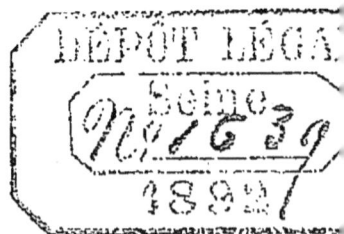

PARIS

LIBRAIRIE MARPON ET FLAMMARION

E. FLAMMARION, SUCC^r

26, RUE RACINE, PRÈS L'ODÉON

Tous droits réservés

LE PETIT MARTYR

GERLIER

LE PETIT MARTYR

Air de : « *La Complainte de Saint-Nicolas.* »

Enfants, écoutez le récit
Que je m'en vais vous faire ici :
A Paris, dans une maison
Aussi triste qu'une prison,

Il était un petit martyr
Qu'on ne voyait jamais sortir.

Ses parents, deux lâches bandits,
En cachette, dans leur taudis,
L'attachaient avec des licous
Et, pour rien, lui donnaient des coups.

Il était un petit martyr
Qu'on ne voyait jamais sortir.

Sur le sol, été comme hiver,
Il était là, nu comme un ver.
Pour se coucher il n'avait rien
Et mangeait le restant du chien.

Il était un petit martyr
Qu'on ne voyait jamais sortir.

I.

Des mansardes aux magasins,
On s'indignait. Mais les voisins
Répétaient le mot d'aujourd'hui :
« Charbonnier est maître chez lui. »

Il était un petit martyr
Qu'on ne voyait jamais sortir.

Personne ne le secourut;
Aussi le pauvre enfant mourut.
Tous les voisins, la larme à l'œil,
Escortèrent l'humble cercueil.

Ce jour-là, le petit martyr,
Dans la rue, enfin, put sortir.

LE MORS AUX DENTS

LE MORS AUX DENTS

Air : « *Il était un petit navire.* »

Écoutez une horrible histoire,   (*Bis*)
Dédiée aux, aux, aux bébés bourgeois.   (*Bis*)

◁ 0 ▷

Un pauvre vieux cheval de foire   (*Bis*)
Manœuvrait des, des, des chevaux de bois. (*Bis*)

Sous les coups du maître qui beugle,   (*Bis*)

Malgré les so, so, soleils étouffants,   (*Bis*)

❧

Il peinait, peinait, triste aveugle,   (*Bis*)

Afin d'amu, mu, muser les enfants.   (*Bis*)

❧

Tous les jours, dessous le couvercle   (*Bis*)

Du cirque, par, par, par les chauds étés,   (*Bis*)

Il tournait dans le même cercle,   (*Bis*)
Comme messieurs, sieurs, sieurs les députés. (*Bis*)

⊲o⊳

Or, lasse de tourner, la bête,   (*Bis*)
Un beau soir, prit, prit, prit le mors aux dents, (*Bis*)

⊲o⊳

Causant, au milieu de la fête,   (*Bis*)
Le plus affreux, freux, freux des accidents. (*Bis*)

⊲o⊳

Entraînés par sa course folle,   (*Bis*)
Les cavaliers, liers, liers et les chevaux (*Bis*)

2

Dansèrent une farandole,   (*Bis*)
En ronflant comm', comm', comme des sabots.(*Bis*)

◄•0•►

A cette heure, ils tournent encore,   (*Bis*)
Sans aucun es, es, espoir de repos.   (*Bis*)

◄•0•►

A la brune, comme à l'aurore,   (*Bis*)
On entend cla, cla, claquer leurs drapeaux. (*Bis*)

Hélas! de plus en plus rapides,   (*Bis*)

Sans répit, les, les, les nuits et les jours,   (*Bis*)

⊰0⊱

Chevaux de bois des Danaïdes,   (*Bis*)

Ils tourneront, ront, ront toujours, toujours. (*Bis*)

LES ÉTOILES

LES ÉTOILES

Gustave, un amusant blondin
Aux yeux vifs, à la mine ouverte,
Chez sa mère, au fond du jardin,
Fit une étrange découverte :
Un soir, par une de ces nuits
Où le ciel scintille, sans voiles,
En regardant le fonds du puits,
Gustave y compta trente étoiles.

Il eût bien voulu les pêcher,
Mais d'aller dormir c'était l'heure ;
Donc, à regret, pour se coucher,
L'enfant regagna sa demeure.

Dans le petit lit de satin,
Pour le gamin la nuit fut brève,
Car, jusqu'au lendemain matin,
Il vit ses étoiles en rêve.

◄o►

Au petit jour, il s'en revint
Au puits contempler la merveille.
Il chercha partout, mais en vain,
Les trente étoiles de la veille.

Au logis, il revint s'asseoir,
Les paupières de pleurs mouillées :
« Petite mère, viens donc voir;
Les étoiles se sont noyées! »

LE PANTIN CASSÉ

LE PANTIN CASSÉ

Air : « *J'ai un pied qui r'mu'*. »

— Ah ! dites-moi, qui vous a flanqué (*Bis*)
C' coup dont j'vous vois estomaqué ? (*Bis*)
   — Monsieur, n'm'en parlez pas ;
Tous les gamins m'font la guerre !
Monsieur, n'm'en parlez pas,
Je n'ai plus ni jamb's, ni bras !

J'ai un pied qui r'mu'
Et l'autre qui ne va guère !
J'ai un pied qui r'mu'
Et l'autre qui ne va plus !

— Ah ! dites-moi, qui vous a fichu *(Bis)*

Ce gnon sur votre nez crochu ?　　*(Bis)*

— M'sieur, c'est'l'petit Gaston

Qui m'a fêlé la caf'tière !

M'sieur, c'est l'petit Gaston

Qui m'a démoli l'piton !

J'ai un pied qui r'mu'

Et l'autre qui ne va guère !

J'ai un pied qui r'mu !

Et l'autre qui ne va plus !

— Ah! dites-moi qui vous a crevé   (*Bis*)
Le ventre, avec ce gros pavé ?   (*Bis*)
   — M'sieur, c'est l'petit Victor ;
Sûr i'm'a donné la pierre !
   M'sieur, c'est l'petit Victor ;
J'ai mon estomac qui sort !

J'ai un pied qui r'mu'
Et l'autre qui ne va guère !
J'ai un pied qui r'mu'
Et l'autre qui ne va plus !

— Ah! dites-moi, pauv' pantin cassé,   (*Bis*)

Vous d'vez bien regretter l'passé?   (*Bis*)

— Me v'là tout estropié,

Moi qu'étais si beau naguère!

Me v'là tout estropié;

Etr' pantin, qué sal' métier!

J'ai un pied qui r'mu'

Et l'autre qui ne va guère!

J'ai un pied qui r'mu'

Et l'autre qui ne va plus!

NOËL PARISIEN

NOËL PARISIEN

Air : « *Il est né, le divin enfant.* »

Il est né, le petit enfant!
Battez, tambour! Sonnez, trompette!
Il est né, le petit enfant!
Le ménage en est triomphant!

Son doux martyre terminé,
La mère repose, inquiète;
Le père embrasse, prosterné,
Les pieds roses du nouveau-né.

Il est né, le petit enfant!
Battez, tambour! Sonnez, trompette!
Il est né, le petit enfant!
Le ménage en est triomphant!

◄0►

Comme une étoile au firmament,
La chandelle, au loin, se reflète
Sur la vitre du logement
Qui s'éclaire très doucement.

Il est né, le petit enfant !
Battez, tambour ! Sonnez, trompette !
Il est né, le petit enfant !
Le ménage en est triomphant !

<GO>

Du logis prenant le chemin,
Tous les copains, la mine honnête,
Viennent, la casquette à la main,
Contempler le fruit de l'hymen.

Il est né, le petit enfant!
Battez, tambour! Sonnez, trompette!
Il est né, le petit enfant!
Le ménage en est triomphant!

Petit bébé dans du coton,
L'enfant pousse des cris de bête,
Entouré d'un petit mouton,
D'un âne et d'un bœuf en carton.

Il est né, le petit enfant!
Battez, tambour! Sonnez, trompette!
Il est né, le petit enfant!
Le ménage en est triomphant!

Et chacun, dans l'humble séjour,
Le palpe, des pieds à la tête.
L'aurore trace, tout autour,
L'auréole du petit jour.

Il est né, le petit enfant!
Battez, tambour! Sonnez, trompette!
Il est né, le petit enfant!
Le ménage en est triomphant!

.

L'AUBERGE PAUVRE

4

L'AUBERGE PAUVRE

Jadis, un homme, voyageant
A pied, à travers le Hanovre,
Afin d'épargner son argent,
Entra dans une auberge pauvre.

❧○❧

Or donc, dans cette auberge-là,
Les voyageurs, chose nouvelle,
Mangeaient tous dans le même plat,
Afin d'épargner la vaisselle.

En guise de morceaux de choix,
On leur servait quelques boulettes
Qu'ils saisissaient avec leurs doigts,
Afin d'épargner les fourchettes.

Puis ils allaient, malgré leur faim,
Terminant cette maigre orgie,
Se coucher tout de suite, afin
D'économiser la bougie.

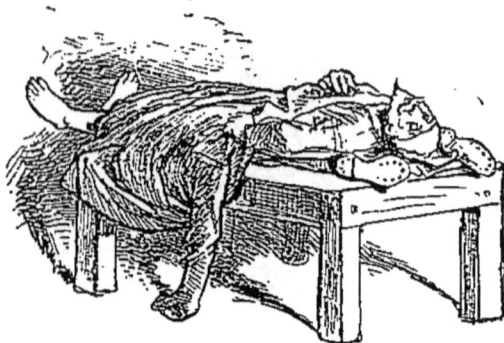

Notre homme, jusqu'au lendemain,
Alla dormir dans sa chambrette,
Dans un lit grand comme la main,
Rembourré comme une galette.

Jusqu'à dix heures du matin,
Le voyageur ne fit qu'un somme.

4.

La servante, au minois mutin,
Par les pieds vint tirer notre homme :

◁०▷

« — Monsieur ! c'est l'heure du réveil !
— Eh ! laissez-moi dormir, ma mie,
Car, sur l'article du sommeil,
Je n'entends pas l'économie ! »

Du dormeur bravant le courroux :
« — Levez-vous ! » répète la bonne,
« On ne peut pas manger sans vous ;
Du déjeuner la cloche sonne !

— Non! je n'ai pas faim! Laissez-moi!
Veuillez me lâcher, ou je tape!
— Il faut vous lever! — Mais, pourquoi?
— Vous êtes couché dans la nappe.

———

LE JUIF-ERRANT

LE JUIF-ERRANT

Air du : « *Juif-Errant.* »

Sur un air pitoyable,
Le pauvre Juif-Errant,
Chante, rôdeur minable,
A l'ange, le tirant :
« — Ange, vois mes deux pieds ;
Ils sont tout estropiés !

Regarde, ma peau saigne ;
A travers les halliers,
Je marche sur l'empeigne,
N'ayant plus de souliers.
— Comme autrefois, Jésus,
Chemine les pieds nus.

— Sans amis, sans famille,
Par les chemins rasés,

Vois, jusqu'à la cheville,
Mes deux pieds sont usés.
— Qu'importe, vieux rapiat,
Marche sur le tibia!

— De moins en moins ingambe,
De plus en plus poussif,
Sur le gras de la jambe,
Je voyage, pensif!
— Sans haltes ni relais,
Marche sur les mollets.

❧

Dans l'ortie et la ronce,
Sur ce sol étranger,

5

Dans la terre, j'enfonce
De plus en plus rongé.
— Flûte! vieil estrogoth,
Marche sur tes gigots!

— Grâce! ange vengeur, grâce!
— Tes cris sont superflus!
— Vois, dans la terre grasse,
J'entre de plus en plus!
Je t'offre mes cinq sous!
— Marche sur les genoux!

— Pitié, vois, je m'enlise !
Je n'ai plus de genoux !
Au nom de ton église !
Bel ange, sois plus doux !
— Va, va, vieillard bassin,
Marche sur le bassin !

« C'est fini ! Je m'en flatte !
Regarde, ange géant,

Ainsi qu'un cul-de-jatte,
Je suis sur mon séant.
Arrive me chercher;
Je ne puis plus marcher! »

⊲0⊳

Lors, l'ange, vers la terre,
Prit soudain son essor,
Portant au pauvre hère
Deux jambes à ressort :
« Les nuits, comme les jours,
Tu marcheras toujours! »

LE PÈRE FOUETTARD

GERLIER

LE PÈRE FOUETTARD

Air : « *Encore un carreau d'cassé!* »

Encore un gamin d'fessé !
　V'là l'pèr' Fouettard qui passe !
Encore un gamin d'fessé !
　V'là l'pèr' Fouettard passé !

　　Le p'tit Armand,
　　Vilain gourmand,
　A mangé la mélasse !
　　Sans dire un mot,
　　Ce sal' marmot
　A fourré l'doigt dans l'pot !

Encore un gamin d'fessé !
V'là l'pèr' Fouettard qui passe !
Encore un gamin d'fessé !
V'là l'pèr' Fouettard passé !

Le p'tit André,
Ayant chipé
L'cacao dans la tasse,
Après c'délit,
C'est pas joli,
A fait caca au lit !

Encore un gamin d'fessé !
V'là l'pèr' Fouettard qui passe !
Encore un gamin d'fessé !
V'là l'pèr' Fouettard passé !

Le p'tit Gaston,

Raconte-t-on,

Crime qui vous surpasse,

Pour rire un peu,

A, sacrebleu!

Pissé dans l'pot-au-feu!

Encore un gamin d'fessé!

V'là l'pèr' Fouettard qui passe!

Encore un gamin d'fessé!

V'là l'pèr' Fouettard passé!

Le petit Jean,
A sa maman,
A dit, f'sant la grimace,
J'ai vu tantôt,
Auprès d'Margot,
Papa tourner l'gigot.

Encore un gamin d'fessé !
V'là l'pèr' Fouettard qui passe !
Encore un gamin d'fessé !
V'là l'pèr' Fouettard passé !

LA FÊTE A PAPA

GERLIER

LA FÊTE A PAPA

Air : « *Petit papa, c'est aujourd'hui ta fête.!* »

Petit papa, c'est aujourd'hui ta fête !
Maman m'a dit de profiter de ça
Pour te conter ce qu'ici l'on souhaite.
Sans la gronder, écoute ta fillette,
　　　Petit papa. (*Bis*)

❦

Petit papa, tu sais combien je t'aime ;
Quand t'as pas bu, t'es gentil. Mais, voilà,

6

Lorsque t'as bu, t'es plus du tout le même ;
C'est un enfer que notre quatrième,
     Petit papa. (*Bis*)

◁0▷

Petit papa, quand t'as fait ta journée,
Ne laisse pas refroidir le rata ;

Au lieu d'aller jouer une tournée,
Reviens t'asseoir près de la cheminée,
Petit papa. (*Bis*)

Petit papa, quand t'as fait ta semaine,
Maman est triste et si tu n'es pas là,
La pauvre femme, hélas! a de la peine
De nous voir tous nous serrer la bedaine,
Petit papa. (*Bis*)

Petit papa, si t'aime bien ta fille,
Du tout au tout, .ici, ça changera ;'
Notre existence, à tous, sera gentille
Et nous ferons une heureuse famille,
      Petit papa. (*Bis*)

LES PETITS ITALIENS

LES PETITS ITALIENS

Air : « *A mon beau château.* »

Trois p'tits Italiens
Travaillaient comme des nègres ;
Trois p'tits Italiens
Travaillaient comme des chiens.

<><0><>

N'mangeant qu'des cailloux,
Fallait voir c'qu'i's étaient maigres !

N'mangeant qu'des cailloux,
I's étaient maigr's comm' des clous.

Pour cent francs, pas plus,
Leurs parents, deux mauvais's teignes,
Pour cent francs, pas plus,
Tout p'tits, les avaient vendus

— ◁0▷ —

A un exploiteur
Qui n'faisait qu'leur fich' des beignes,

A un exploiteur
Qui les m'nait par la terreur.

I's partaient, l'matin,
D'un taudis d'l'ancienn' banlieue ;
I's partaient, l'matin,
D'un taudis, tout près d'Pantin.

Leurs musiqu's su' l'dos,
Par heure i's f'saient plus d'un' lieue;
Leurs musiqu's su' l'dos,
Ils amusaient les badauds.

L'un jouait du violon,
L'autre pinçait de la harpe;
L'un jouait du violon,
L'autre, de l'accordéon.

Ils chantaient, tous trois,
D'vant l'mond' bâillant comme un' carpe ;
Ils chantaient, tous trois,
Comm' les rossignols des bois.

Le soir, au lieu d'pain,
Quand i's n'avaient pas d'galette,

Le soir au lieu d'pain,
I's r'cevaient chacun un paing.

Tous trois, un beau jour, .. .
Prir'nt la poudre d'escampette;
Tous trois, un beau jour,
Filèr'nt vers un autr' séjour.

Leur maître en mourut,
A ce que nous dit l'histoire,
Leur maître en mourut,
Sans qu' person' le secourût.

Les p'tits Italiens
Entrèr'nt au Conservatoire;
Les p'tits Italiens
Sont dev'nus d'grands musiciens.

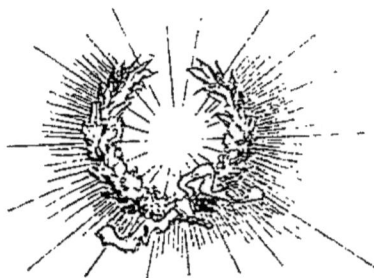

LE ROI D'ESPAGNE

LE ROI D'ESPAGNE

Air du : « *Roi d'Yvetot.* »

Alphonse treize, un roitelet
　Pas plus haut que ma botte,
A, pour couronne, un bourrelet,
　Pour sceptre, une marotte.
Dans un coin du trône tapi,
Devant tous, il fait sans répit,
　　Pipi.

Oh! oh! oh! oh! ah! ah! ah! ah!
Quel bon petit roi ça fait là!
　　La, la!

7.

A s'amuser toujours dispos,
　　Pourvu qu'on le nourrisse,
Il se contente des impôts
　　Levés sur sa nourrice.
Son bonheur est au grand complet,
Il est content, pourvu qu'il ait
　　　　Du lait.

Oh! oh! oh! oh! ah! ah! ah! ah!
Quel bon petit roi ça fait là!
　　　　La, la!

A la gloire de Charles-Quint,
　　L'enfant ne pense guère ;
A Polichinelle, Arlequin,
　　Il déclare la guerre.
Il faut le voir, avec aplomb,
Commander aux soldats qui sont
　　　　En plomb !

Oh ! oh ! oh ! oh ! ah ! ah ! ah ! ah !
Quel bon petit roi ça fait là !
　　　　La, la !

Aussi, cette Majesté-là,
   De son peuple est l'idole;
Par malheur elle grandira,
   Car elle est Espagnole.
Et plus tard, les « sujets loyaux »
Chanteront, songeant aux maillots
    Royaux :

Oh! oh! oh! oh! ah! ah! ah! ah !
Quel bon petit roi c'était là!
    La, la!

LES BONS MESSIEURS

LES BONS MESSIEURS

Air : « *Petits enfants, n'approchez pas...* »

Petits anges tombés des cieux,
Bambins aux figures vermeilles,
N'écoutez pas les bons messieurs
Qui vous promettent des merveilles.

⊲0⊳

Ecoutez ce qu'il arriva
D'un enfant blond qu'on enleva
    Des bras de sa mère.
Il était parti, le matin,
Pour s'en aller chercher du pain

Chez la boulangère.
Il flânait, petit curieux,
Sur toute chose, ouvrant des yeux
        En porte cochère.

Petits anges tombés des cieux,
Bambins aux figures vermeilles,
N'écoutez pas les bons messieurs
Qui vous promettent des merveilles.

Il s'en allait, sur le trottoir.

Tout à coup, un grand homme noir,

    L'air bon comme un père,

Très doucement dit au gamin :

« — Mon petit, donne-moi la main.

— Monsieur, pourquoi faire?

— Si tu veux me suivre, là-bas,

Je t'achèterai des babas

    Chez la pâtissière. »

Petits anges tombés des cieux,
Bambins aux figures vermeilles,
N'écoutez pas les bons messieurs
Qui vous promettent des merveilles.

Le petit gourmand le suivit.
Plus jamais on ne le revit
    Chez sa pauvre mère.
De la boutique, le petit,
Hélas! n'est plus jamais sorti;
    Effrayant mystère!
Les habitants du carrefour
Disent qu'on l'a cuit dans le four
    De la patissière.

Petits anges tombés des cieux,
Bambins aux figures vermeilles,
N'écoutez pas les bons messieurs
Qui vous promettent des merveilles.

LE

MARCHAND DE SABLE

LE

MARCHAND DE SABLE

Air de : « *Fualdès.* »

A l'heure où, dorant l'espace,
Le jour fuit à l'horizon,
Au seuil de chaque maison,
Le marchand de sable passe.
Caché par l'ombre du soir,
Près de l'âtre il vient s'asseoir.

Invisible, insaisissable,
Sans qu'on fasse attention,
L'homme, avec précaution,
Dans un gros sac prend du sable
Et le lance à pleines mains
Aux yeux des petits gamins.

⋖ₒₒ⋗

Puis, cela fait, il se lève ;
Voyant l'ange du sommeil,

Sur chaque bébé vermeil,
Ouvrir les ailes du rêve,
Il se sauve à petits pas
Pour qu'on ne l'entende pas.

CROQUEMITAINE

CROQUEMITAINE

Air : « *Il court, il court, le furet.* »

Il court, il court tout le temps,
L'horrible Croquemitaine;
Il court, il court tout le temps
Après les petits enfants.

Sa figure est très vilaine;
Comme un ogre il a des dents.

Il court, il court tout le temps,
L'horrible Croquemitaine;
Il court, il court tout le temps
Après les petits enfants.

Tous les jours, il se promène
Dans les villes et les champs.

Il court, il court tout le temps,
L'horrible Croquemitaine;
Il court, il court tout le temps
Après les petits enfants.

Les bambins, il les emmène
A la barbe des parents.

Il court, il court tout le temps,
L'horrible Croquemitaine ;
Il court, il court tout le temps
Après les petits enfants.

◄-0-►

Et lorsque sa hotte est pleine,
A même il fouille dedans.

Il court, il court tout le temps,
L'horrible Croquemitaine ;
Il court, il court tout le temps
Après les petits enfants.

Il s'engraisse la bedaine
Des bébés petits et grands.

Il court, il court tout le temps,
L'horrible Croquemitaine ;
Il court, il court tout le temps
Après les petits enfants.

Il en mange, par semaine,
Un peu plus de dix-huit cents.

Il court, il court tout le temps,
L'horrible Croquemitaine;
Il court, il court tout le temps
Après les petits enfants.

LA MÈRE GIGOGNE

GERLIER

LA MÈRE GIGOGNE

———

Air : « *Mad'moiselle, écoutez-moi donc!* »

———

— Mèr' Gigogne, écoutez-moi donc!
Pour abriter tant d'bébés sous vot' robe,
Mèr' Gigogne, écoutez-moi donc!
I' vous faut un' rob' d'un' bell' dimension!

⊲0⊳

— Ah! monsieur, ne m'en parlez pas!
I' y' en n'a pas deux comme ell' sur le globe;
Ah! monsieur, ne m'en parlez pas!
Pour en fair' le tour il faut plus d'un mois.

— Mèr' Gigogne, écoutez-moi donc!
Vous avez un' nombreus' progéniture;
Mèr' Gigogne, écoutez-moi donc!
Pour sûr, vous avez plus d'un nourrisson.

—Ah! monsieur, ne m'en parlez pas!
C'est moi qu'est chargé de leur nourriture;
Ah! monsieur, ne m'en parlez pas!
A chaque instant faut leur donner un r'pas.

— Mèr' Gigogne, écoutez-moi donc !
C'est pas rigolo quand i's d'mand'nt à boire ;
   Mèr' Gigogne, écoutez-moi donc !
I' doit vous falloir un fameux bib'ron.

        ⊰0⊱

   — Ah ! monsieur, ne m'en parlez pas !
Hélas ! i's m'ont vidé' comme un' vieill' poire ;
   Ah ! monsieur, ne m'en parlez pas !
Sur mon estomac, pour sûr, y' a pas gras.

— Mèr' Gigogne, écoutez-moi donc!
J'voudrais voir le chou qui leur servit d'père ;
    Mèr' Gigogne, écoutez-moi donc!
  Pour sûr, i' doit êtr' d'un' bell' dimension!

⇐0⇒

  — Ah! monsieur, ne m'en parlez pas!
J'en ai fait d'la soup', la semain' dernière ;
    Ah! monsieur, ne m'en parlez pas!
  Tous mes rejetons n'en ont fait qu'un r'pas !

— Mèr' Gigogne, écoutez-moi donc !
Vous ne cultiv'rez plus les choux, j'espère?...

— Ah! monsieur, c'est un vrai guignon :
J'adore les choux et le saucisson.

———

LES PETITS RAMONEURS

LES PETITS RAMONEURS

Air : « *Hommes noirs, d'où sortez-vous?* »

— Diables noirs, d'où sortez-vous?
— Nous sortons des cheminées.
En nous voyant, les matous
Ont des faces étonnées.
Avec les jambes et les bras,
Du bas jusqu'en haut, du haut jusqu'en bas,
En riant, nous employons nos journées

10.

A ramoner le foyer des bourgeois.

Tous, à pleine voix,

Rossignols des toits,

Nous chantons comme les oiseaux des bois.

⊰0⊱

Lestes comme des pierrots

Qui sautillent sur les branches,

Nous perchons sur les tuyaux,

En riant de nos dents blanches.

En semaine, tout barbouillés,
Nous sommes plus noirs que des charbonniers;
Mais nous nous débarbouillons les dimanches,
Afin d'épater les petits bourgeois.

    Tous, à pleine voix,

    Descendus des toits,

Nous chantons comme les oiseaux des bois.

LE GOSSE ET L'ÉLÉPHANT

LE GOSSE ET L'ÉLÉPHANT

Air du : « *Sire de Framboisi.* »

Un jour, un gosse
Rencontre un éléphant.   } Bis

⊲0⊳

La grosse bête
Le regarde et lui tend   } Bis

⊲0⊳

Un' patte énorme
Qu'avait un caillou d'dans. } Bis

Le goss' retire
Le caillou-z-habil'ment.   } *Bis*

⊲0⊳

Le pachyderme,
Pour remercier l'enfant,   } *Bis*

⊲0⊳

Avec sa trompe
Le saisit tendrement,   } *Bis*

Le mouch', le torche,
Comme eût fait sa maman. } *Bis*

Sur ses défensés,
L'install' commodément. } *Bis*

⊰0⊱

Puis le balançe,
Avec soin le berçant. } *Bis*

11

D' ses gross's oreilles,
L'évente amoureus'ment. } *Bis*

◄0►

Voyant le gosse
Dormir paisiblement, } *Bis*

◄0►

A sa nourrice
Le porte doucement. } *Bis*

De cette histoire
La moral', la voilà :   } *Bis*

⊲0⊳

Il faut *savoire*
S'entr'aider ici-bas.   } *Bis*

———

L'ÉDUCATION

D'UNE POUPÉE

L'ÉDUCATION D'UNE POUPÉE

Air des : « *Portraits de famille.* »

Le long du jour, ma poupée,
A parler est occupée.
Tous, parents, frères et sœurs,
Nous sommes ses professeurs.

« — Les conseils qu'on vous donn'ra...
    — Oui, papa.
« — ... Faut les suivre exact'ment.
    — Oui, maman.

« — Vous f'rez tout c'qu'on vous dit d'faire ;
— Oui, mon frère.
« — Et jamais à contre-cœur.
— Oui, ma sœur. »

Avant de fair' la dînette,
Nous lui mettons sa serviette,
Et de son petit couvert
Comme une dame ell' se sert.

« — Tenez vot' fourchett' comm' ça.

    — Oui, papa.

— Tâchez d'manger proprement

    — Oui, maman.

— Prenez garde à la soupière.

    — Oui, mon frère.

— Sur vous n'mettez pas d'liqueur.

    — Oui, ma sœur. »

Quand ell' n'a pas été sage,
Ou qu'ell' déchir' son corsage,
Nous appelons l'pèr' Fouettard,
Lequel accourt sans retard.

« — Fait's votre mea culpa.
          — Oui, papa
— Ouvrez vot' culott' viv'ment.
          — Oui, maman.

— Comme un âne i'n'faut pas braire.

      — Oui, mon frère.

— R'cevez la chose en douceur.

      — Oui ma sœur.

TABLE DES MATIÈRES

TABLE DES MATIÈRES

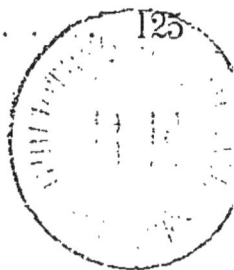

PARIS. — IMP. C. MARPON ET E. FLAMMARION, RUE RACINE, 26.

PETITE COLLECTION ELZÉVIRIENNE

BOUTMY

Petit Dictionnaire de l'Argot des Typographes, suivi des **Coquilles** typographiques curieuses et célèbres, 1 volume in-16, elzévir.................................. **2 fr.**

ANDRÉ GILL

La Muse à Bibi. 1 vol. in-16, elzévir. Dessins de l'auteur. **2 fr.**

L. DURIEU

Le Pion. Scènes et charges de collège. 1 vol. in-16, elzévir, avec illustrations de Léonce PETIT..................... **2 fr.**

Les bons petits Collèges, 1 vol. in-16, elzévir, illustré de 100 dessins inédits de Léonce PETIT..................... **2 fr.**

SWIFT

L'Art de voler ses maîtres. 1 vol. in-16, elzévir, avec fleurons, culs-de-lampe et dessin de GILL............. .... **2 fr.**

A. RANC

Une Évasion à Lambèse. 1 volume in-16, elzévir.......... **2 fr.**

L. BOURSIN

Les Capucins gourmands, préface de Paul ARÈNE. Illustrations de Léonce PETIT. 1 vol. in-16. .... **2 fr.**

PARIS. — IMP. C. MARPON ET E. FLAMMARION, RUE RACINE, 25.

www.ingramcontent.com/pod-product-compliance
Lightning Source LLC
Chambersburg PA
CBHW072112090426
42739CB00012B/2942